I0797634

Zorro polar

Grace Hansen

Abdo Kids Jumbo es una subdivisión de Abdo Kids
abdobooks.com

abdobooks.com

Published by Abdo Kids, a division of ABDO, P.O. Box 398166, Minneapolis, Minnesota 55439.

Abdo Kids Jumbo™ is a trademark and logo of Abdo Kids.

Printed in the United States of America, North Mankato, Minnesota.

052021

092021

Spanish Translator: Maria Puchol

Photo Credits: Alamy, iStock, Minden Pictures, Shutterstock

Production Contributors: Teddy Borth, Jennie Forsberg, Grace Hansen
Design Contributors: Dorothy Toth, Pakou Moua

Library of Congress Control Number: 2020930727

Publisher's Cataloging-in-Publication Data

Names: Hansen, Grace, author.

Title: Zorro polar/ by Grace Hansen;

Other title: Arctic Fox. Spanish

Description: Minneapolis, Minnesota: Abdo Kids, 2022. | Series: Animales del Ártico | Includes online resources and index.

Identifiers: ISBN 9781098204242 (lib.bdg.) | ISBN 9781098205225 (ebook)

Subjects: LCSH: Arctic fox--Juvenile literature. | Foxes--Juvenile literature. | Zoology--Arctic regions--Juvenile literature. | Spanish language materials--Juvenile literature.

Classification: DDC 599.775--dc23

Contenido

El Ártico

El Ártico es la zona más septentrional de la Tierra. Está compuesto por tierra y por el océano Ártico cubierto de **hielos marinos**. El clima es gélido. ¡Solamente los animales más fuertes pueden sobrevivir en el Ártico!

Zorros polares

Los zorros polares viven por todo el Ártico. Se les puede ver caminando por la **tundra**. Normalmente viven cerca de la costa.

Los zorros polares tienen el cuerpo pequeño. Los adultos pueden pesar entre 6 y 20 libras (2.7 y 9.1 kg). Pueden medir entre 18 y 42 pulgadas (46 a 107 cm) de largo.

¡Su cola es grande y peluda!

Pueden envolverse con ella

para mantenerse calientes.

El zorro polar posee orejas muy pequeñas y un **hocico** corto. Esto les ayuda a mantener el calor en su cuerpo.

La planta de sus patas está cubierta de pelo. Esto les evita pegarse al terreno congelado.

En el invierno, el pelaje de estos zorros es blanco y voluminoso. En los meses de verano, mudan el pelo, les sale más fino y oscuro en color.

Crías de zorros polares

Las hembras de zorro polar tienen a sus crías en una madriguera. Normalmente nacen de 5 a 12 **cachorros** cada vez. Son muy pequeños al nacer.

Los **cachorros** beben leche materna y crecen. A las dos semanas de vida están listos para salir de la madriguera. Sus padres les enseñan a cazar.

Más datos

- Los zorros polares pueden sobrevivir temperaturas tan bajas como 58 grados Farenheit bajo cero (-50 grados centígrados). ¡Eso es mucho frío!
- A los zorros polares les encanta cazar y comer roedores, aves y peces. ¡Incluso comen vegetales!
- Cuando las temperaturas son muy bajas y la comida escasea, los zorros polares tienen que actuar con inteligencia. Siguen a los osos polares y se comen lo que éstos abandonan.

Glosario

cachorro - cría de zorro u otro mamífero.

hielo marino - agua de océano congelada, normalmente cubierta de nieve.

hocico - parte frontal y saliente de la cabeza de un animal que incluye la nariz, boca y mandíbula.

tundra - terreno extenso abierto en las regiones árticas de América del Norte, Europa y Asia. En la tundra no crecen árboles.

Índice

¡Visita nuestra página **abdokids.com** para tener acceso a juegos, manualidades, videos y mucho más!

Los recursos de internet están en inglés.

Usa este código Abdo Kids

AAK8855

¡o escanea este código QR!